FLASH FICTION

UNE ÉCOLE PARFAITEMENT NORMALE

Les pages de cet ouvrage ont été teintées pour limiter les contrastes, qui peuvent provoquer de la fatigue visuelle chez certains lecteurs.

À Sam et Ben.
Je suis sûr qu'ils ont un peu
de monstre en eux : tant mieux !

Cet ouvrage a été imprimé sur un papier
issu de forêts gérées durablement, de sources contrôlées.

Direction artistique couverture : Blaise Jacob
Maquette intérieure : Frédérique Deviller

ISBN : 978-2-7002-5509-6

Ce roman a été publié pour la première fois en anglais (Grande-Bretagne)
sous le titre A PERFECTLY ORDINARY SCHOOL, chez Barrington Stoke Ltd,
Édimbourg, Royaume-Uni

Loi n° 49-956 du 16 juillet 1949 sur les publications destinées à la jeunesse.

UNE ÉCOLE PARFAITEMENT NORMALE

Texte de Jeremy Strong
Traduit de l'anglais (Grande-Bretagne)
par Lilas Nord
Illustré par Laurent Audouin

RAGEOT

LES PERSONNAGES DU ROMAN

Max. Il est très grand et tout le monde se moque de lui à cause de sa taille.

Minnie. C'est une élève de l'école de Max. Elle est très petite et tout le monde se moque d'elle aussi.

Les parents de Max.

Mademoiselle Pieu.

Le Sauvage.

Sire Esprit Sans Tête.

Miss Ténèbres.

SOMMAIRE

1. Maxi et Mini 13
2. Une grande idée 21
3. L'École des Monstres? 35
4. Aooouuu! 47
5. Ôtez vos têtes 57
6. Sinistre fantôme 71
7. Le grand numéro 83
8. Le dernier des crétins 91
9. La réponse 103

1. Maxi et Mini

Max est bien plus grand que les autres élèves de sa classe. Et comme il est aussi mince que grand, certains le traitent de « girafe ». D'autres le surnomment « Maxi Max ». Et d'autres lèvent les yeux vers lui et font semblant de le regarder avec des jumelles, comme si sa tête était aussi loin que la lune.

La seule à ne pas se moquer de Max, c'est Minnie. Minnie est bien plus petite que les autres élèves de sa classe. Devinez comment presque tout le monde la surnomme : « Mini Minnie ». Et devinez comment les autres l'appellent : « Minnie la souris ». Parfois, ses camarades baissent les yeux vers elle et font semblant de la regarder avec des jumelles, comme si elle était aussi loin que l'Australie.

Le seul à ne pas se moquer de Minnie, c'est Max.

*

Max n'arrive pas à comprendre pourquoi les élèves de sa classe sont si méchants avec lui. Il ne leur a pourtant jamais rien fait. Il ne fait pas semblant d'avoir besoin d'un microscope pour les voir, tellement ils sont petits. Lui, tout ce qu'il veut, ce sont des amis. Pourquoi ses camarades se montrent-ils aussi stupides ? À cause d'eux, Max a l'impression d'être un monstre !

*

Max garde tout ça pour lui. Mais pas Minnie. Elle non plus ne sait pas pourquoi les autres se comportent aussi mal avec elle, mais elle ne se laisse jamais faire.

– Je ne m'appelle pas Mini Minnie, espèces de méga débiles ! crie-t-elle.

HiHiHiiiHiiiHiii
HAHAAHAAA
HAHAHiiiHHiiiHiii

Ou :

– Je ne se suis pas Minnie la souris, espèces d'abrutis !

Mais ça ne change rien : les autres continuent à se moquer de Max et Minnie. Que Max se taise ou que Minnie leur réponde, ils n'arrêtent pas de les asticoter.

Le soir, quand Max rentre chez lui, il est aussi triste qu'un week-end sans soleil. Et quand Minnie rentre chez elle, furieuse, on dirait une cocotte-minute prête à exploser.

*

Max et Minnie ne sont pas vraiment amis. Max pense que ce n'est pas une bonne idée d'être ami avec une fille. Minnie, elle, trouve qu'on peut être ami avec n'importe qui. Elle serait très heureuse d'être amie avec un garçon – ou même avec un chimpanzé, pour être honnête... Mais elle n'a pas de chimpanzé sous la main. Alors elle doit se contenter de Max, même si elle le trouve très grand et un peu ridicule.

*

Parfois, Max et Minnie rentrent de l'école ensemble. On dirait qu'un nuage gris flotte juste au-dessus de la tête de Max, tout là-haut, dans le ciel. Un nuage de pluie, aussi grand et aussi triste que Max.

On dirait qu'un nuage d'orage flotte au-dessus de la tête de Minnie, en bas, au ras du sol. Un nuage bourré d'éclairs, aussi petit et aussi enragé que Minnie.

2. Une grande idée

Vous vous imaginez peut-être que le père de Max est très grand. Vous pensez peut-être aussi que la mère de Max est très grande. Mais non. Ils sont tous les deux de taille moyenne. En fait, Max les a déjà dépassés depuis longtemps.

O
E

La seule chose vraiment grande chez les parents de Max, c'est leur collection d'éléphants. Ils en ont des centaines, de toutes les tailles, sous toutes les formes. Certains sont en bois sculpté, d'autres en argile. D'autres encore ornent des coussins. Il y a aussi des éléphants en peluche tout doux.

Le plus gros éléphant de la collection trône dans le jardin. Max se servait de sa trompe comme d'un toboggan quand il était bébé. Mais Max a grandi. Tellement grandi, même, qu'il est devenu plus long que la trompe de l'éléphant du jardin !

Le plus petit éléphant loge dans la salle de bain. Il est en plastique. Il a le corps bleu, deux larges oreilles roses de chaque côté de la tête et une trompe verte avec un trou au bout. Quand Max prend un bain, il remplit le petit éléphant d'eau avant d'appuyer dessus et l'eau ressort alors par la trompe. Max aime imaginer qu'il est perché sur un véritable éléphant qui arrose toute sa classe à l'école. Minnie serait la seule à avoir un grand parapluie et des bottes en plastique pour se protéger.

*

Les parents de Max voient bien que leur fils n'est pas heureux à l'école. Ils pensent savoir pourquoi et inventent toujours plein de solutions pour essayer de l'aider.

– Ne fais pas attention à ce que disent les autres, lui conseille sa mère. Ils cherchent juste à t'énerver.

Max sait que sa mère a envie de l'aider. Mais qu'est-ce qu'elle veut qu'il fasse ? Qu'il se fourre du fromage dans les oreilles ou quoi ?

Le père de Max, lui aussi, a une idée.

– Quand les autres se moquent de toi, tu n'as qu'à siffler un petit air bien fort ! Comme ça, ils penseront que tu t'en fiches.

– Bien tenté, papa, répond Max. Sauf que je ne sais pas siffler.

– Alors chante, lui propose son père.

– D'accord, je vais essayer, promet Max.

*

Le lendemain, à l'école, Jordan traite encore une fois Max de girafe.

Alors Max se met à chanter à tue-tête. Il choisit la première chanson qui lui passe par la tête :

– *Une souris verte, qui courait dans l'herbe...*

Jordan éclate de rire.

– Max est devenu fou ! Ça y est, on a une girafe complètement maboule dans la classe !

Max serre les poings et continue à chanter :

– *Un éléphant, ça trompe, ça trompe,*
un éléphant, ça trompe énormément !

– Maxi Max débloque un max ! crie alors toute la classe.

Bref, ses camarades se moquent encore plus de lui.

*

Max rentre chez lui, plus triste que jamais.

– Ça n'a pas marché, annonce-t-il à ses parents. Je suis passé pour un bébé qui braille des comptines !

– Ne t'inquiète pas, Max, le rassure sa mère. Ton père et moi avons eu une autre idée.

– Une idée super, une idée géniale ! Une idée formidable ! s'enflamme son père.

La mère de Max lui fait un grand sourire.

– Ça te plairait d'aller dans une nouvelle école ?

Max secoue la tête.

– Pour quoi faire ? Je serai toujours aussi grand... et, là-bas aussi, tout le monde se moquera de moi.

– Oh, non, crois-moi. C'est une école très spéciale ! lui assure sa mère. Ça s'appelle : « L'École des Monstres ».

L'École des Monstres ? Avec ce nom, on ne peut pas dire que ça donne envie d'y aller. Et qu'est-ce que ça veut dire ? Que c'est une école pour les monstres ? Que sa mère et son père considèrent Max comme un monstre ? Non, non et non !

– Je ne suis pas un monstre… murmure-t-il.

Il aurait préféré le hurler de toutes ses forces, mais il se retient. S'il se met à crier, il risque bien d'avoir vraiment l'air d'un monstre…

Son père sourit à son tour et lui passe un bras autour des épaules.

– Bien sûr que non ! L'École des Monstres n'est pas du tout une école pour monstres ! En réalité, hésite le père de Max, les monstres sont… Comment dire ? Disons que c'est une école qui propose des cours très spéciaux. Tu vas aller là-bas et quand tu seras prêt, tu pourras retourner dans ton ancienne école. Et tu verras : plus personne n'osera se moquer de toi, parce que tu auras appris comment réagir.

– Exactement ! confirme sa mère. En plus, je crois que tu seras heureux d'apprendre que l'École des Monstres est fermée le lundi.

Max ouvre des yeux ronds comme des soucoupes. Pas d'école le lundi ? Youpi !

– Vous ne trouvez pas ça bizarre, quand même ? demande-t-il à ses parents.

– Si, un peu... Mais les professeurs nous ont expliqué qu'ils ont besoin du lundi pour se remettre de leur week-end...

Max se demande ce que les professeurs peuvent bien fabriquer le week-end pour être si fatigués... Mais il ne se pose pas la question très longtemps. Il va changer d'école pour quelque temps ! Et il n'aura pas cours le lundi ! Génial !

Un petit sourire se dessine sur le visage de Max. C'est la première fois que ses parents le voient sourire depuis des mois. Max retrouve enfin espoir. Lundi – non, mardi ! – il va entrer à L'École des Monstres et apprendre comment régler son problème avec ses camarades de classe. Il a hâte de commencer !

3. L'École des Monstres ?

En apparence, l'École des Monstres n'a rien d'étonnant. On dirait une école parfaitement normale, avec des élèves ordinaires. La seule différence par rapport à l'ancienne école de Max, c'est que ses nouveaux camarades ne commencent pas

la journée par se moquer de lui. Il faut dire qu'ils ont tous l'air aussi inquiet que lui.

*

Quand il voit entrer sa professeure dans la classe, Max n'est pas rassuré. Elle a les cheveux noirs et porte une robe noire et une cape noire à la doublure écarlate. À part ses lèvres rouge sang, elle a le visage blanc comme un linceul. Ses yeux sont d'un vert inquiétant. Cette prof est une vampire !

– Je suis mademoiselle Pieu, déclare-t-elle sur un ton menaçant.

La classe rigole.

– Que ceux qui trouvent ça drôle lèvent la main, ordonne mademoiselle Pieu.

Un garçon lève la sienne. Oh là là ! Quelle erreur ! mademoiselle Pieu se penche au-dessus de lui.

– Dis-moi ce que tu vois, là, dit-elle, avant d'ouvrir grand la bouche.

Les élèves découvrent alors quatre crocs acérés comme des lames. Avec des traces de sang dessus. Le garçon manque s'évanouir. mademoiselle Pieu éclate de rire.

– Le sang sur mes canines provient du dernier enfant qui a trouvé mon nom amusant, lance-t-elle. Alors, tu trouves toujours ça drôle, vilaine petite créature ?

– Pardon, pardon, pardon, pardon, pardon ! s'excuse le garçon en fixant une goutte de sang tombée sur sa table.

– Bien ! fait mademoiselle Pieu. Que ce soit clair pour tout le monde : j'ai très peu de patience aujourd'hui. J'ai eu un week-end chargé et je suis très fatiguée. Il a fallu que je morde des centaines de cous ! Les gens ne se rendent pas compte de l'énergie qu'il faut pour sucer du sang...

Les enfants l'écoutent, assez inquiets. Puis le cours commence.

– Je vais vous apprendre à devenir des vampires, leur annonce mademoiselle Pieu. Ouvrez donc ce coffre au fond de la classe.

La malle est pleine de costumes de vampires. Max est persuadé qu'il n'y aura pas sa taille, parce que rien n'est jamais assez grand pour lui. Pourtant, il trouve un ensemble qui lui va comme un gant.

– Max ! appelle mademoiselle Pieu.
Distribue les dentiers, s'il te plaît.
Vous commencerez avec des modèles d'entraînement, pas trop pointus. Quand vous serez plus grands et que vous aurez progressé comme vampires, vous aurez votre propre modèle bien affûté, comme le mien.

Max fait le tour de la classe pour distribuer des crocs à tout le monde. Puis il passe la matinée à essayer de devenir un vampire.

Les élèves tentent chacun leur tour de mordre le cou des autres. Ils font claquer leur cape. Ils s'entraînent à rire comme des vampires. C'est beaucoup plus difficile que ce qu'on croit ! Ils essaient aussi de parler comme des vampires, en lançant des formules comme :

– Tu es en mon pouvoir !

– Bientôt, tu rejoindras les rangs des morts-vivants !

– Maintenant, je vais te vider de ton sang jusqu'à la dernière goutte !

*

À la fin de la journée, Max voit encore des capes tourbillonner devant ses yeux et il a mal aux dents. Il vole jusque chez lui, comme une chauve-souris assoiffée de sang.

Quand il rentre à la maison, sa mère lui demande s'il a passé une bonne journée. Alors il lui lance :

– Maintenant, je vais te vider de ton sang jusqu'à la dernière goutte !

Sa mère s'évanouit sur le champ.

Et encore, Max ne porte pas son costume! Ni son dentier de débutant! Il est assez content de lui : il a presque l'impression d'être un vrai vampire.

4. Aooouuu !

Le lendemain, les élèves de l'École des Monstres découvrent un nouveau professeur. Ce n'est plus mademoiselle Pieu, mais un chien. Un très gros chien, gris et très poilu. D'un bond, l'animal saute sur le bureau. L'un après l'autre, il fixe les enfants droit dans les yeux. Ses yeux à lui scintillent comme des flammes dorées.

– Je m'appelle Le Sauvage, déclare la bête. Attention, vous avez l'air de penser que je suis un chien. Je n'ai rien à voir avec les labradors, les bergers allemands ou les caniches. Je suis un loup!
Mais aujourd'hui, mes enfants, vous n'allez pas apprendre à devenir un loup.
Non, vous allez découvrir un secret qui vous donnera bien plus de pouvoir.
Je vais vous enseigner comment devenir... des loups-garous! Aooouuuuuuuuu!

Le hurlement du Sauvage est à glacer le sang. Max n'a encore jamais entendu de cri aussi effrayant!

Le Sauvage explique ensuite à la classe comment hurler comme des loups-garous. Max s'entraîne du mieux qu'il peut.

– Aooouuu! fait la classe en chœur avec lui.

Assis sur le bureau, le Sauvage se gratte sous le menton.

– Pathétique, grogne-t-il. Vous ne feriez pas peur à une mouche. On recommence!

– Aooouuu!

Le Sauvage s'allonge sur son bureau.

– On dirait une berceuse pour bébé ! Allez vous entraîner dehors ! Et pas la peine de revenir avant d'être capables de me donner la chair de poule !

Ce n'est vraiment pas facile, mais les élèves finissent par arriver à pousser de terribles hurlements. Ils rentrent en classe et montrent au Sauvage qu'ils ont tous la chair de poule.

– C'est de la chair de poussin, ça ! s'exclame le Sauvage. Allez, hurlez encore un coup ! Soyez féroces !

– AOOOUUUUUUUUUU ! tonne la classe.

La fourrure du Sauvage se hérisse d'un coup ! Il fait un grand sourire qui découvre des dents impressionnantes.

– Ça, c'est ce que j'appelle hurler ! dit-il. Vingt sur vingt ! Maintenant, je vais vous montrer comment vous changer en loups-garous...

Cet exercice-là est bien plus difficile. Et il faut le faire en secret ! Le Sauvage va trouver chaque enfant pour lui murmurer des mots magiques à l'oreille. Un par un, les élèves se changent en loups-garous. Des poils leur poussent sur les mains et le visage. Leurs oreilles se font pointues. Leurs dents deviennent plus longues, plus acérées.

Leur langue s'allonge et sort de leur bouche.

Les élèves éclatent de rire en découvrant leur nouveau corps.

– Regardez-moi ! Je suis tout poilu ! dit Nico, le garçon qui a failli s'évanouir le premier jour.

– Poilu à faire peur ! plaisante Max.

Ensuite vient la dernière leçon du jour pendant laquelle les enfants découvrent comment courir aussi vite que le vent. Ils apprennent à bondir par-dessus les haies et même les murs sans aucun problème.

*

À la fin de la journée, Max se sent encore bourré d'énergie et ça le démange un peu partout. Il cavale jusque chez lui, langue au vent, s'arrêtant pour renifler chaque lampadaire.

Quand il rentre, son père lui demande s'il a passé une bonne journée.

– Aooouuuuuuuuuu ! hurle Max.

Son père s'évanouit aussitôt.

Max sourit. Il se gratte sous le menton pendant une éternité. Puis il va se coucher.

5. Ôtez vos têtes

Déjà jeudi. Assis en classe, Max se demande quel genre de professeur il aura aujourd'hui. Il commence à s'habituer à cette école étrange. Il n'est pas du tout surpris de voir la porte de la classe s'ouvrir pour laisser entrer un homme sans tête.

Enfin, ce n'est pas tout à fait exact. Le nouveau professeur a bien une tête, sauf qu'il la porte sous le bras.

– Je me présente : Sire Esprit Sans Tête, annonce alors le professeur à la classe. Et c'est précisément ce que je suis : un esprit sans tête. Aujourd'hui, je vais vous apprendre à ôter votre tête et à la porter sous le bras. Mais ce n'est pas aussi facile que ça en a l'air...

Max ne trouve pas du tout qu'enlever sa tête ait l'air facile. Il a une question à poser. Une question importante. Il agite la main en l'air jusqu'à ce que son professeur le repère.

– Je t'écoute, jeune Max.

– S’il vous plaît, Sire Sans Tête : si on enlève sa tête, est-ce qu’on ne risque pas de se vider de son sang et de mourir ?

– Excellente question ! Et tout à fait pertinente ! approuve Sire Sans Tête. C’est bien pour cette raison que vous devez suivre cette leçon au pied de la lettre. Aujourd’hui, je vais vous montrer comment ôter votre tête sans verser une goutte de sang. Après tout, si ma classe mourait, il ne me resterait plus un seul élève. Et vos parents risqueraient de porter plainte !

Max a du mal à se retenir de rire. Ce Sire Sans Tête lui plaît bien. La classe ne tarde pas à s’entraîner à l’étape numéro 1 de l'enlèvement de tête. Sire Sans Tête l'a présentée comme un exercice de respiration, mais Max a l'impression qu'il faut surtout retenir sa respiration le plus longtemps possible.

*

Ensuite, tout le monde passe à l'étape numéro 2. Sire Sans Tête l'a baptisée « le moment bouche-trou ».

– Imaginez que vous avez un très gros bouchon de baignoire en caoutchouc, bien lourd, dans la main droite, explique Sire Sans Tête. Retenez votre souffle. Dévissez à toute vitesse votre tête de votre main gauche et hop ! bouchez le trou.

Le bouchon empêchera votre sang de gicler d'un coup.

– Mais le bouchon n'existe pas ! s'inquiète Pippa, l'une des nouvelles camarades de Max. Il est juste imaginaire !

– Dans ce cas, assurez-vous de ne laisser sortir que du sang imaginaire, réplique Sire Sans Tête.

Tout le monde éclate de rire, même Pippa.

*

L'étape numéro 3 consiste à apprendre à marcher avec sa tête sous le bras.

– Changer sa tête de place possède un gros avantage : on peut regarder où on veut, explique Sire Sans Tête à ses élèves.

Il prend alors sa tête à deux mains et la glisse de l'autre côté de son bureau.

– On peut aussi la soulever pour voir par-dessus les objets, ou la tourner pour regarder derrière soi.

– C'est génial ! s'enthousiasme Nico.

– Oui, je me doutais que ça vous plairait. Et maintenant, voici venu le moment le plus difficile de cette leçon ! Si vous y arrivez, vous entrerez dans le cercle des

meilleurs ôteurs de tête. J'adore jouer ce tour à l'Hôtel de l'Horreur, où je travaille le week-end. Même si c'est épuisant, je m'amuse beaucoup à voir les clients s'évanouir un peu partout, confie Sire Sans Tête à sa classe. Voici ce qu'il faut faire. Prenez votre tête et posez-la sur votre table. Marchez jusqu'au bout de la pièce puis revenez à votre table. Pour finir, replacez votre tête sur vos épaules.

Dans la classe, c'est le chaos. Comme les élèves se baladent sans tête, ils se cognent les uns aux autres et se prennent les pieds dans tout et n'importe quoi, les tables, les chaises... ou les élèves qui sont tombés par terre. Ils ne voient pas du tout où ils vont.

Max, Nico et Pippa sont les seuls à y arriver sans problème.

– Félicitations ! s'exclame Sire Sans Tête. Vous êtes mes trois meilleurs élèves!

*

À la fin de la journée, Max est tellement fatigué qu'il a l'impression que sa tête va tomber toute seule. Quand il arrive chez lui, ses parents sont déjà au lit.

– On a pensé qu'il valait mieux qu'on s'allonge avant que tu nous montres ce que tu as appris aujourd'hui, explique le père de Max, pas très rassuré.

– Je comprends, répond Max.

– Bien, dit alors sa mère en s'enfonçant dans son oreiller. Tu peux y aller.

– D'accord. Mais rassurez-vous : il n'y a pas de quoi perdre la tête ! plaisante Max en plaçant ses mains de chaque côté de son visage. Même si je vais perdre la mienne !

Et hop ! Max ôte sa tête et la place sous son bras.

– Saperlipopette ! lâche sa mère.

Cette fois, ses deux parents s'évanouissent en même temps.

– Je devrais peut-être aussi apprendre le secourisme... songe Max.

6. Sinistre fantôme

Vendredi, c'est le dernier jour à l'École des Monstres pour Max. Assis en classe, il attend de voir la porte s'ouvrir. Mais celle-ci reste fermée : le nouveau professeur entre en passant à travers un mur.

– Je suis Miss Ténèbres. Et comme vous le voyez, je suis un fantôme. Votre dernier jour est arrivé. Je vais vous apprendre à apparaître à côté de quelqu'un d'un seul coup. Puis vous le toucherez en faisant : «BOUH!» Et si vous êtes sages, je vous montrerai aussi comment passer à travers les murs!

Max se dit que ces deux tours pourraient lui être très utiles. Malheureusement, Miss Ténèbres n'est pas un très bon professeur. Elle n'arrête pas de disparaître! Et de réapparaître tout à fait ailleurs. Elle a aussi la manie d'apparaître à des moments et à des endroits où on n'a vraiment pas envie de la voir.

Quand Max va aux toilettes, par exemple, Miss Ténèbres y entre en traversant les cloisons.

– Ah, te voilà, Max ! dit-elle. Allez, dépêche-toi !

Du coup, Max trouve ce tour beaucoup moins amusant.

*

L'après-midi, la plupart des élèves sont devenus très forts à ce jeu-là. Miss Ténèbres leur enseigne alors une leçon spéciale pour qu'ils sachent faire « BOUH ! » de manière à terroriser n'importe qui.

– Ça ne sert à rien de crier « BOUH ! » C'est la façon de le dire qui compte. Essayez de prendre une voix de fantôme sinistre. Souvent, ce sont les légers murmures qui marchent le mieux. Je le fais souvent les week-ends où je travaille à l'Hôtel de l'Horreur avec Sire Sans Tête. Je me déplace sans bruit pour chuchoter à l'oreille des clients. Si seulement vous les voyiez bondir ! Si vous les entendiez hurler ! C'est hilarant !

– Bouh ! chuchote alors la classe, comme une bande de fantômes sinistres.

Et tout le monde a les cheveux qui se dressent sur la tête.

– Mais c'est ABSOLUMENT horrible ! se réjouit Miss Ténèbres, encore plus pâle qu'avant. Parfait ! Vous pouvez rentrer chez vous, maintenant. Sauf toi, Max. J'aimerais te parler une minute, s'il te plaît.

Le reste de la classe se glisse à travers les murs pour sortir dans la cour de récréation.

Max s'avance jusqu'au bureau de Miss Ténèbres. Elle se met à flotter autour de lui.

– Max, les autres professeurs m'ont dit que tu étais très bon en classe : tu t'es montré très attentif et tu as travaillé dur.

Tu es notre meilleur élève. Le premier de la classe.

– Merci, dit Max avec un grand sourire.

Il n'a encore jamais été le meilleur de sa classe. Le plus grand, oui, mais ça n'a rien à voir.

– Mais il te reste encore une dernière leçon à apprendre, le prévient Miss Ténèbres.

– Laquelle ? demande aussitôt Max.

– Malheureusement, je ne peux pas te le dire, fait Miss Ténèbres. Tu ne connaîtras la réponse que lorsque tu connaîtras la réponse...

– Mais... ça ne veut rien dire, proteste Max.

Miss Ténèbres lui sourit.

– Peut-être pas. Pourtant, c'est vrai. Quand tu auras appris ta dernière leçon, tu comprendras ce que je veux dire.

*

Max quitte l'école fâché. Il n'aime pas les devinettes. Par contre, être premier de la classe lui plaît beaucoup.

Quand il arrive chez lui, ses parents sont de nouveau au lit. Cette fois, ils se cachent carrément sous les draps.

*

– On ne veut pas savoir ce que tu as appris aujourd'hui ! crient-ils en chœur. Ça nous fait bien trop peur !

– Je vous jure que je ne vais pas vous montrer, leur promet Max en souriant. Mais je tiens à vous annoncer que c'est moi le meilleur de la classe !

Ses parents sortent de sous leurs draps et le père de Max commande des pizzas pour fêter la bonne nouvelle.

– Lundi, tu retournes dans ton ancienne école, lui annonce sa mère.

– Génial ! se réjouit Max.

Il est temps que ses anciens camarades de classe arrêtent de se moquer de lui... et de Minnie.

École

7. Le grand numéro

Lundi matin, dans la cour de récréation, tous les élèves de la classe de Max courent vers lui.

– Regardez! La grande girafe est de retour!

– T'étais où ? lui demande Sacha. Quelqu'un t'a pris pour un piquet de tomate et t'a planté dans son potager, c'est ça ?

– Mais non, rigole Jordan. Des gens l'ont confondu avec un piquet de tente et l'ont emmené en camping. Il a passé toute la nuit à leur tenir la tente !

Max les regarde et se demande quoi faire. Est-ce qu'il vaut mieux qu'il se change en vampire, en loup-garou, en esprit sans tête ou en fantôme sinistre ? Et s'il leur faisait la totale ? Il va leur sortir son grand numéro !

D'abord, Max enlève sa tête. Il ne la cale pas sous son bras : il la tient d'une main au-dessus de son cou. Ça le rend encore plus grand qu'avant !

– AAAARGH ! crient ses camarades avant de s'enfuir à l'autre bout de la cour.

Max remet alors sa tête en place. Au bout d'un moment, les élèves reviennent vers lui. Ils ont du mal à en croire leurs yeux. Est-ce que Max a vraiment ôté sa tête ? Beurk !

En se rapprochant, ils voient des poils pousser partout sur le visage et les mains de Max. Ses dents deviennent plus longues et plus pointues. Sa langue lui sort de la bouche.

– Eh, pas mal ! commente Jordan.

Max bascule la tête en arrière et pousse un terrible hurlement.

– Aooooooooooooooouuu !

– AAAAAAAAAAAARGH ! crient ses camarades avant de s'enfuir encore une fois.

Jordan aussi part en courant. C'est même lui qui détale le plus vite

Petit à petit, Max reprend son apparence normale. Au bout de quelques minutes, tout le monde revient prudemment près de lui.

Mais, dès que ses camarades l'entourent de nouveau, Max se transforme en vampire dans un nuage de fumée. Il ouvre grand la bouche et montre ses canines dégoulinantes de sang. Puis il fait retentir son rire de vampire.

– Wa-ha-ha-ha-ha-ha-rarrgh !

Cette fois, personne ne crie. Impossible : tout le monde s'est évanoui. Jordan s'est même évanoui deux fois ! Il ne reste plus personne debout. Les élèves sont étendus par terre dans un grand cercle tout autour de Max. On dirait qu'il les a soufflés comme des bougies.

Max est TRÈS fier de lui. Il se dit que plus personne n'osera se moquer de lui maintenant.

Il s’assoit sur un banc en attendant que ses camarades reprennent connaissance. Après, peut-être qu’ils pourront enfin devenir amis.

Un par un, ses camarades se relèvent. Ils ont encore les jambes en coton. Max leur fait un grand sourire, espérant qu’ils vont venir lui parler. Mais personne ne lui adresse la parole. Un par un, ses camarades s’éloignent à toute allure.

Max en reste bouche bée. Il se retrouve tout seul. Une fois de plus.

8. Le dernier des crétins

Max reste sur le banc à regarder s'éloigner ses camarades. Au bout d'un moment, Minnie s'approche discrètement de lui et s'assoit à l'autre bout du banc. Max lui adresse un petit sourire et la regarde, l'air de dire : « Mais qu'est-ce que j'ai fait ? »

Minnie observe d'abord les dents de Max pour voir si elles sont encore pointues et rouge sang. Comme elles sont redevenues normales, Minnie se rapproche encore un peu de Max.

– Où est-ce qu'ils sont partis ? lui demande-t-il.

– Se mettre à l'abri, qu'est-ce que tu crois ? lui répond Minnie. Tu leur as fichu la trouille ! D'abord, tu t'arraches la tête. Après, tu deviens tout poilu et tu leur hurles dessus. Et pour finir, tu te changes en Dracula ! C'est pas comme ça qu'on se fait des amis !

Max en a assez. Il se met à bouder.

– Pfff. Je voulais juste qu'ils arrêtent de se moquer de moi. C'est tout.

– Là, c'est sûr qu'ils ne le feront plus, dit Minnie. Ils n'oseront sûrement même plus t'adresser la parole !

– Oh, zut ! soupire Max.

Il baisse les yeux, désemparé. Son cerveau tourne en rond : il a l'impression qu'il n'arrivera jamais à trouver de solution à son problème. Il a envie de devenir ami avec ses camarades de classe... Mais il aimerait aussi leur coller la frousse de leur vie !

Minnie le regarde. Elle comprend bien

ce qu'il ressent. Elle sait ce que c'est que d'avoir vraiment, vraiment envie d'un ami. Elle sait aussi ce que ça fait d'être tellement énervé qu'on a envie d'exploser et de faire du mal à quelqu'un. Alors, Minnie prend la main de Max dans la sienne.

– Moi, je suis ton amie, déclare-t-elle.

– AH ! crie Max en retirant aussitôt sa main. Mais tu es une fille !

Minnie le fixe alors avec des yeux comme des poignards. Elle le regarde si durement que Max a l'impression de se retrouver d'un coup face à tous ses professeurs de l'École des Monstres réunis.

– C'est pas croyable ce que les garçons peuvent être stupides, parfois ! lâche Minnie. Tu les as tous fait fuir ! Je suis la seule qui veut bien être ton amie, et tout ce que tu trouves à dire, c'est : « jamais de la vie », juste parce que je suis une FILLE ? Tu es vraiment le dernier des crétins !

Max est tout piteux.

– Bon, je veux bien que tu sois mon amie. Mais sans me tenir la main !

Minnie prend une voix ridicule pour se moquer de Max :

– Pauvre titi Maxounet. Maxounet ne veut pas donner la main à la fifille. Oh là là ! C'est bon, je ne le ferai plus ! Maintenant, écoute. J'ai une idée. Tu vas me montrer comment me changer en loup-garou. Tu saurais le faire ?

Max s'en pense capable. Il emmène Minnie dans un coin de la cour pour lui enseigner tout ce que Le Sauvage lui a appris. Minnie l'écoute avec attention et s'entraîne du mieux qu'elle peut. Elle finit par comprendre comment ça marche. Quelques poils apparaissent sur ses mains. Sur son visage, aussi.

AAAAOOUUUUUU!
AOOOOUUUUUU!

– Beurk ! J'ai de la moustache... et une BARBE !

Minnie essaie de faire pousser ses dents, mais c'est très difficile. Après plusieurs essais, elle finit tout de même par y arriver.

*

Bientôt, Minnie est presque aussi douée que Max. Ils lèvent tous les deux la tête vers le ciel, ouvrent la bouche et hurlent ensemble :

– Aooouuuuuuuuu !

– Génial ! dit Minnie. Attends-moi ici. Bientôt, tu auras un tas de nouveaux amis. Et pas que des filles, ne t'inquiète pas !

Max fait un petit sourire à Minnie et la regarde filer. Puis il se rassoit sur le banc. Il se sent bien seul. Il attend, et attend encore. Il a l'impression que ça fait une éternité que Minnie est partie. Qu'est-ce qu'elle fabrique ? Max commence à se poser des questions. Au bout d'un moment, il entend un lointain hurlement.

– Aooouuuuuuuuuu !

Max reconnaît le cri de Minnie.

– Aooouuuuuuuuuu ! Aooouuuuuuuuuu !

Les hurlements se font encore entendre plusieurs fois.

– Oh, super ! grogne Max. À tous les coups, elle leur a fait peur et ils se sont encore enfuis. Tu parles d'une super idée ! Tu parles d'une fille super ! Pffff !

Max baisse la tête et se remet à bouder.

9. La réponse

Max se redresse en entendant un drôle de bruit de pas. À l'autre bout de la cour, il voit ses camarades marcher vers lui, Minnie en tête. Peut-être qu'elle n'a pas terrorisé tout le monde après tout. Ou alors peut-être qu'ils viennent tous se moquer de Max. Mais oui, bien sûr ! Ils vont faire semblant d'être des loups-garous pour se moquer de lui. Eh bien, il s'en fiche ! Il lui reste encore un tour dans son sac ! Il se changera en fantôme et leur fera dresser les cheveux sur la tête !

Les enfants se rapprochent de plus en plus. Minnie sourit. Grrr ! Quand Max pense que cette fille lui a dit qu'elle voulait bien être son amie... Double Grrr ! Quand il pense qu'elle l'a piégé pour qu'il lui montre comment se changer en loup-garou...
Triple Grrr !

Sans quitter son banc, Max lance un regard noir à Minnie et à sa classe qui se rassemblent autour de lui.

– Prêts ? demande Minnie.

Tous les élèves font oui de la tête.

– À trois, dit-elle. Un, deux, trois...

– AOOOOUUUUUUUUUUUUU !

Max a tellement peur qu'il tombe à la renverse.

Ses camarades l'aident à se relever.

– Ça va, Max ? lui demande Jordan. T'as pas eu trop peur ? Ce tour que tu as appris à Minnie est vraiment génial ! Elle nous a montré comment faire et

maintenant, nous aussi on peut se changer en loups-garous.

– Ouais, crie Sacha. Et on voudrait apprendre comment tu fais pour enlever ta tête, aussi ! Tu veux bien nous montrer, hein, Max ? Tu es incroyable ! On aimerait tous savoir faire comme toi.

Bientôt, tous les élèves réussissent les tours que Max a appris à l'École des Monstres. Mais personne n'y arrive aussi bien que lui. Avant, il était juste le plus grand de sa classe. Maintenant, il est aussi le MEILLEUR !

*

Mais c'est l'heure d'aller en cours de musique. Pendant la leçon, les élèves s'amusent comme des petits fous. Alors que madame Domisol est au piano, ils enlèvent leur tête et la calent sous leur bras. Quand la prof se retourne pour les regarder chanter, elle pousse un cri d'horreur. Puis elle s'enfuit jusque chez elle et reste cachée dans son placard à balais pendant une semaine.

*

Au cours d'après, monsieur Gonflett, le prof de sport, demande à la classe de se changer rapidement. Alors les élèves se changent vite... en loups-garous ! Ils hurlent :

– Aooooouuuuuu !

Pauvre monsieur Gonflett ! Terrorisé, il grimpe tout en haut d'une corde où il reste perché comme un singe. Il enlève ses baskets pour les jeter sur les loups-garous effrayants, mais ils les dévorent aussitôt. Pourtant, elles ne sentent vraiment pas bon...

*

La sonnerie retentit : c'est la fin des cours et tout le monde rentre chez soi.
(À part madame Domisol, déjà rentrée se cacher dans son placard à balais, et monsieur Gonflett, toujours agrippé en haut de la corde, sans ses baskets.)

Max et Minnie rentrent ensemble.

Max ne se rend même pas compte que Minnie le tient par la main.

– Quelle journée géniale ! s'écrie Max. Je suis heureux comme un fantôme sans tête qui aurait deux têtes !

– C'est grâce à toi que cette journée a été géniale, dit Minnie.

– Non, grâce à TOI, réplique Max. On s'est fait plein de nouveaux amis !

C'est là qu'il se rend compte qu'il tient la main de Minnie.

– Oh... fait Max.

Minnie lui lâche la main.

– T'inquiète, soupire-t-elle. On va y aller petit à petit. Salut ! À demain à l'école !

Puis elle descend la rue en sautillant.

*

En arrivant chez lui, Max a encore un grand sourire.

– Waouh ! se réjouit son père.
On dirait que tu as passé une journée tip-top.
Qu'est-ce que tu as fait aujourd'hui ?

– Le fantôme sans tête, le loup-garou et le vampire, répond Max.

– Et qu'est-ce que tu as préféré ? lui demande sa mère.

– En fait, je crois que c'est quand je suis moi que je me sens le mieux.

*

Ce soir-là, Max et ses parents font la fête en famille. Ils dévorent des pizzas énormes et de la glace avec de la sauce au chocolat (mais pas tout en même temps). Après, Max monte prendre un bon bain.

Dans la baignoire, il regarde le petit éléphant en plastique. Bizarrement, le jouet ne l'intéresse plus. Il n'a plus envie de faire semblant d'arroser tout le monde à l'école.

Il se rappelle ce que Miss Ténèbres lui a dit :

– Tu ne connaîtras la réponse que lorsque tu connaîtras la réponse...

Maintenant, Max comprend ce qu'elle voulait dire. Et il pense connaître la réponse. C'est très amusant d'être un fantôme, un loup-garou et un vampire, mais c'est encore mieux d'être soi-même et d'avoir plein d'amis.

Plein d'amis, oui. Sauf qu'avec Minnie, c'est un peu différent... Elle a beau dire qu'ils vont y aller « petit à petit », Max n'est pas très rassuré. Mais en y réfléchissant un peu, il finit par rigoler. Avoir peur d'une fille, c'est quand même un comble pour quelqu'un qui a survécu toute une semaine à l'École des Monstres !

L'AUTEUR

Jeremy Strong est un ancien professeur d'école primaire. Il est britannique et écrit des livres pour la jeunesse depuis 1978. Il a bâti sa renommée au Royaume-Uni autour de ses histoires truffées d'humour et parfois un peu absurdes.

L'ILLUSTRATEUR

Laurent Audouin a toujours été un dévoreur de livres... Enfant, il aime surtout les BD (*Tif et Tondu*, *Gil Jourdan*, *Tintin*, *Adèle Blanc-Sec...*) et les romans de Jules Verne. À 20 ans, en intégrant les arts appliqués, il découvre les coulisses du monde de l'édition jeunesse. Depuis, sa passion est devenue son métier, et il illustre avec toujours autant d'envie de nombreux livres pour la jeunesse... Il est entre autres, l'illustrateur des séries *Mirette* (Sarbacane) et *Sacré Cœur* (éditions du Petit Lézard).

L'apprentissage de la lecture est une étape importante dans la vie de l'enfant. Parfois, c'est aussi un parcours du combattant : bataille pour reconnaître les lettres, identifier les mots, comprendre le sens du texte. Mais c'est aussi un grand bonheur : celui de partager les aventures de héros extraordinaires, de vivre des émotions particulières, de s'ouvrir sur le monde.
Cette nouvelle collection a été pensée pour ceux qui « n'aiment pas lire », parce qu'ils n'ont pas encore trouvé le plaisir de lire : jolie présentation, mise en page aérée et agréable, police d'imprimerie facilitant la reconnaissance des lettres, déroulé narratif simple, aide à la compréhension avec présentation des personnages et du contexte de l'histoire, vocabulaire adapté.
Parce que lire est un vrai plaisir qu'il faut partager avec tous les enfants, il faut le rendre accessible à tous. Donnons-leur cette chance !

Monique Touzin
Orthophoniste au Centre Paris Santé Réussite et professeur d'orthophonie à l'Université de Médecine Pierre et Marie Curie.

DANS LA COLLECTION FLASH FICTION

Les éditions Rageot remercient Monique Touzin
pour l'aide qu'elle a apportée à l'élaboration
de la collection « Flash Fiction ».

PAPIER À BASE DE
FIBRES CERTIFIÉES

RAGEOT s'engage pour
l'environnement en réduisant
l'empreinte carbone de ses livres.
Celle de cet exemplaire est de :
450 g éq. CO_2
Rendez-vous sur
www.rageot-durable.fr

Achevé d'imprimer en France en mai 2017
sur les presses de l'imprimerie Jouve, Mayenne
Dépôt légal : avril 2017
N° d'édition : 5509 - 02
N° d'impression : 2553919S